AF247979

RELATION

DE LA

IÉRÉMONIE FUNÈBRE

Qui a eu lieu à Metz, le 22 Juillet 1848,

EN L'HONNEUR

D'AUGUSTE DORNÈS,

REPRÉSENTANT DU DÉPARTEMENT DE LA MOSELLE

à l'Assemblée Nationale.

METZ,

IPRIMERIE ET LITHOGRAPHIE DE NOUVIAN,

Au bas de la rue Tête-d'Or.

1848.

Si, dans une république, la mort d'un honnête
omme, d'un grand citoyen est un deuil public,
est aussi une occasion solennelle d'honorer les
ertus civiques, et de montrer aux jeunes géné-
tions les récompenses qui attendent ceux qui
nt bien mérité de la patrie.

La perte de Dornès a servi à manifester haute-
ient la puissance et la moralité de nos nouvelles
istitutions publiques. Dornès, citoyen d'un ca-
ictère antique, modèle de fermeté, de courage,
e dévouement, succombe à la blessure qu'il
çoit en portant des paroles de paix et de conci-
ation. Aussitôt la France s'en émeut, la ville de
etz, qui l'a adopté pour l'un de ses enfants, s'en
flige, et rend à sa mémoire des honneurs ex-
ptionnels ; l'Assemblée Nationale récompense
s vertus du fils en accordant une honorable
nsion à la mère ; tous les journaux de Paris et
e la province expriment leurs regrets et leurs
mpathies.

1 *

Il eut été fâcheux que de si nobles et de si nombreuses manifestations tombassent promptement dans l'oubli en restant isolées ; aussi nous a-t-il paru utile de les grouper, de les réunir en un faisceau pour l'offrir à nos concitoyens comme un hommage rendu à leurs généreux sentiments, et à la famille Dornès comme un souvenir inspiré par la douleur la plus vraie et l'amitié la plus sincère.

Metz, le 30 Juillet 1848.

S. . . . .

Au moment où l'insurrection du 23 juin 1848,
enait d'éclater à Paris, Dornès, fidèle aux sentiments
t aux actes de toute sa vie, se précipitait, le premier
ntre tous les représentants, au milieu des combat-
ints pour apporter des paroles de conciliation. Cette
ction courageuse n'était pas le résultat d'un premier
iouvement; Dornès connaissait la situation de Paris,
t il prévoyait les probabilités d'une lutte prochaine.
iencontré par un de ses amis au moment où il venait
'acheter une écharpe, et interrogé sur le motif de
ette acquisition, il lui répondit : « D'un jour à l'autre
émeute peut ensanglanter nos rues, et les représen-
ints doivent être au premier poste. » Il y fut, en

effet, et il recevait, le 23 juin, à la barricade du faubourg Poissonnière, un coup qui devait être mortel.

Porté à l'hôpital Saint-Louis, il y reçut les soins de ses sœurs chéries, accourues au milieu des périls, pour prodiguer leur tendresse à leur malheureux frère.

Quelques jours plus tard, lorsque les accidents primitifs de la blessure eurent disparu, Dornès put être transporté dans sa demeure; il supporta parfaitement cette translation. Tout semblait présager une guérison prochaine; Dornès lui-même y croyait; il l'exprimait avec confiance dans une lettre qu'il écrivait à son frère, le 29 Juin.

Tout-à-coup, et sans qu'on puisse en assigner la véritable cause, des accidents inattendus éclatent; des frissons prolongés, des sueurs abondantes se manifestent, la fièvre reparaît avec violence; la vie de Dornès est en danger. Cette triste nouvelle jette l'inquiétude dans le cœur de ses amis; les citoyens de Metz s'en alarment. Des journaux mal informés annoncent prématurément la mort de Dornès; mais le même jour, une lettre écrite par un autre représentant de la Moselle, annonçait une amélioration légère dans son état. Cette incertitude pénible détermina M. Billaudel, Préfet de la Moselle, et ami particulier de Dornès, à adresser au Ministre de l'intérieur une dépêche télégraphique. Il reçut, le même jour, et par la même voie, la réponse suivante :

Paris, 20 Juillet, onze heures et demie du matin. »

« Le Ministre de l'intérieur au citoyen Préfet de Moselle. »

» Le citoyen Dornès est mort ce matin, à six heures ois quarts. La France perd un honnête homme et ı bon citoyen. »

Cette triste nouvelle se répandit avec rapidité dans ville ; tous les habitans en furent émus ; *le Courrier la Moselle* publia sur-le-champ un supplément cadré de noir, signe de deuil, et dans un article, ı les qualités de Dornès se trouvent parfaitement apéciées, il terminait en disant : « La mort de Dornès t un deuil public pour la ville de Metz, pour le déirtement de la Moselle, pour tous les citoyens qui ment le peuple, la France et la liberté. »

Le Préfet de la Moselle, M. Billaudel, écrivit ımédiatement aussi, à M. l'abbé Verdenal, la lettre uchante que voici :

Metz, le 20 Juillet 1848.

M. l'abbé VERDENAL, Curé de la Paroisse Saint-Martin.

Monsieur l'abbé,

» Vous avez mêlé vos joies pieuses à nos vives ies, à la fête de la plantation de l'arbre de la liberté ! enez au pied de cet arbre, pleurer avec nous sur la mbe du plus pur des citoyens, mort pour le triomphe de la liberté, et pour le maintien de la paix entre les hommes.

» Dornès, notre ami, notre représentant, notre frère, a trouvé le trépas devant les barricades où périt votre saint archevêque, en portant, comme lui, des paroles de conciliation au milieu des combattants.

» Vous avez eu votre martyr, nous avons le nôtre!.. Que la religion quitte ses habits de fête pour prendre une fois encore son manteau de deuil!...

» Que sur le lieu même où, pour nous, naissaient tant d'espérances, les regrets rassemblent de nouveau tout ce qui porte un cœur dévoué à la patrie et à l'humanité, et qu'un seul cri de douleur s'échappe de ces poitrines qui n'avaient poussé naguère qu'un même cri d'espérance et de joie!

» Je vous adresse la prière (et je suis sûr de parler au nom de toute la cité), de célébrer un service funèbre sur la place de la République (1), samedi prochain,

---

(1) Cette disposition fut changée, ce qui fut annoncé aux citoyens par une affiche portant la lettre suivante :

Citoyen Maire,

Après en avoir conféré avec les chefs du clergé, j'ai pensé qu'il serait d'une pratique plus facile de célébrer à la Cathédrale le service funèbre à la mémoire de notre digne représentant Dornès.

Ce ne sera donc pas sur la place de la République qu'aura lieu la cérémonie religieuse, le cortége s'y rendra seulement en sortant de la Cathédrale, pour y compléter les derniers honneurs que notre patriotique population réserve aux mânes d'un grand citoyen.

Salut, regrets et fraternité.

Le Préfet de la Moselle, Signé BILLAUDEL.

dix heures du matin, en mémoire du généreux
»résentant Dornès, qui vient de succomber à Paris,
 matin, à six heures trois quarts, aux blessures
'il avait reçues dans les fatales journées de juin.
» Recevez l'assurance de ma haute estime et de mes
itiments affectueux,

» Le préfet de la Moselle, »

BILLAUDEL.

Le soir du même jour, le conseil municipal et les
iciers de la garde nationale de Metz, s'assemblèrent
»ntanément pour adresser à la respectable mère
Auguste Dornès, l'expression de leur douloureuse
npathie, et le regret que la perte de son fils cause à
ville entière.

Voici la lettre du Conseil municipal :

MADAME,

» Le conseil municipal de Metz vient s'associer à
tre douleur profonde!

» Vous avez perdu un fils!

» Nous avons perdu un frère, la cité un de ses ents les plus chers, la France un de ses meilleurs
oyens!

» Depuis longtemps déjà il n'habitait plus parmi
us, mais son souvenir y était plein de vie : pour
us il était le type du citoyen, aussi remarquable

dans l'accomplissement de ses devoirs envers le pays, par sa simplicité, que par son dévouement et sa grandeur d'âme.

» Lorsque la patrie affranchie appela l'élite de ses enfants à donner une constitution à la France, Dornès fut ici le premier nom prononcé. Nous fûmes heureux, en lui décernant nos suffrages, de lui témoigner ainsi de notre estime et de notre affection. La mort l'a arrêté dans sa carrière nouvelle! mais une mort glorieuse, comme il convenait à son âme généreuse, héroïque.

» Vous consoler, Madame, n'est point en notre pouvoir, notre propre douleur ne nous en avertit que trop; cependant, si un adoucissement à votre deuil pouvait se trouver, ce serait de voir ce deuil partagé par une ville qui confond ses regrets avec ceux de la famille.

» Agréez, Madame, l'hommage de nos sentiments respectueux. »

(Suivent les signatures.)

La lettre des Officiers de la garde nationale est ainsi conçue :

M_{ADAME},

» La garde nationale de Metz s'associe à vos douleurs maternelles.

Vous avez perdu un digne fils ; « la France un
nête homme et un bon citoyen ; » nous avons
lu un frère.

Nous n'avons point oublié, nous n'oublierons
ais, qu'au premier cri de liberté, nous marchâmes
voix généreuse pour nous constituer en citoyens
és ; et que, dans tous les dangers de la patrie, il
s soutint de sa parole et de son exemple.

Élevé au milieu de nous, nous regrettons qu'il
puisse reposer. Il était notre représentant de pré-
ction, parce que nous savions qu'il nous avait
sacré sa vie. Sa mort si noble et si belle, nous
ose plus que jamais le double devoir de l'estimer
e l'admirer.

Dans votre douleur, soyez fière de votre fils, Ma-
ie : une autre mère, la France, s'en glorifie aussi.

Nous sommes avec respect, Madame, etc. »

(Suivent les signatures.)

[. Billaudel a transmis à Mme Dornès les deux
esses qui précèdent, avec la lettre suivante :

« RÉPUBLIQUE FRANÇAISE.

» Metz, le 20 Juillet 1848.

Le préfet de la Moselle, à Mme Dornès, la mère.

» Madame,

Je dépose sur votre lit de douleur deux couronnes
ques offertes par la garde nationale et le Conseil

municipal de Metz, à la mémoire du grand citoyen dont vous fûtes la mère.

» Sous vos yeux, Dornès avait pratiqué toutes les vertus de la famille ; sous les yeux de la France, il s'était mis à la hauteur de tous les dévouements. Il a fini comme finissent les grandes âmes, martyr de son amour pour la patrie et pour l'humanité !

» Le département de la Moselle qui l'avait depuis longtemps adopté, se couvre de deuil à la pensée du vide, impossible à combler, qui s'est fait dans les rangs de sa représentation.

» C'est en son nom, c'est au nom des soixante-dix-sept mille citoyens qui donnèrent à votre digne fils le mandat le plus élevé qui puisse être offert par la patrie, que je viens mêler des regrets aux regrets de la cité, de la famille.

» Et quand j'ai parlé ainsi pour tous, laissez-moi vous parler encore en mon nom personnel ; car vous le savez, Madame, ma douleur égale toutes les douleurs !

» Veuillez agréer l'hommage de mon respectueux et bien vif dévouement.

Le préfet de la Moselle,

BILLAUDEL.

L'autorité municipale publia, le 21 Juillet, deux affiches, encadrées de larges bandes noires, destinées à régler les détails de la cérémonie funèbre, et à inviter

les citoyens à rendre un juste hommage à la
noire de l'honnête homme que la patrie venait de
lre.

e lendemain, 22 Juillet, dès huit heures du matin,
e la population était agitée par les préparatifs de
érémonie. A neuf heures et demie, la garde na-
ale, des détachements de corps de troupes, des
itations des élèves du lycée, de l'école normale et
'école municipale, se rendaient à la cathédrale où
it être célébré le service funèbre; à dix heures, les
rités civiles et militaires étant arrivées, le service
mença immédiatement.

a foule de citoyens accourus pour exprimer leurs
pathies, le grand nombre de dames, qui joi-
ent leurs pieuses prières aux regrets universels,
aaient à cette triste cérémonie un caractère de
ideur et de sincérité qu'on n'est point habitué à
ontrer dans les solennités officielles.

u milieu de la cathédrale, à peu de distance de
tel, s'élevait un mausolée simple et sévère, à
que angle duquel était placé un des colonels ou des
enants-colonels de la garde nationale. Les dra-
ix de chacune des légions, et celui des Polonais
giés, résidants à Metz, entouraient le monument
inclinaient vers lui.

urant la messe, les élèves de l'école normale et des
es municipales faisaient entendre sous la direction

de M. Desvignes, leur professeur, des chants harmo-
nieux qui émouvaient l'âme et portaient à la tristesse.
Des musiciens, placés dans les bas-côtés du chœur
exécutaient, par intervalles, des airs patriotiques qui
semblaient être l'écho de la dernière pensée du brave
et généreux Dornès. Oh! c'était un bien grand et bien
noble spectacle que ces chants mêlés à la voix lugubre
du prêtre, aux émotions et aux larmes provoquées
par la perte d'un ami! Cette journée ne s'effacera pas
de la mémoire des hommes de cœur.

Après l'absoute, le cortége se rendit sur la place
de la République où déjà étaient rangées la garde
nationale, les écoles et les troupes de la garnison. Là,
s'élevait au pied de l'arbre de la liberté, un cénotaphe
parfaitement décoré, véritable œuvre artistique due
aux inspirations de M. George, chef d'atelier de
MM. Migette et Hussenot. (1)

L'arbre de la liberté était voilé par un long crêpe,
venant se rattacher à la colonne qui s'élevait au-dessus
du socle du monument; au-dessus de cette colonne une
urne cinéraire; derrière, un saule pleureur; à la base,
des couronnes d'immortelles et des branches de cyprès;
sur les côtés, des candélabres, dont les feux ménagés
avec habileté, ne laissaient apparaître qu'une flamme
mourante; devant, mais sans rien masquer, une es-

---

(1) Voir la lithographie.

de destinée aux orateurs ; au-dessous de celle-ci, des
criptions en l'honneur de Dornès. De longues piques,
cées aux quatre angles du monument, portaient
flammes noires, couvertes de cette inscription aux
res d'argent : « *A Dornès la patrie reconnaissante.* »
Sur les côtés du monument, se trouvaient des
upes d'élèves des écoles ; en avant était placée une
utation des plus jeunes élèves de l'école supérieure ;
portaient des palmes de cyprès ornées de fleurs
nmortelles.
Lorsque les citoyens composant le cortége, eurent
mé le demi-cercle, M. Gautier, premier adjoint,
sant les fonctions de Maire, monta sur l'estrade et
nonça les paroles suivantes :

aroles prononcées par M. Th. GAUTIER,
premier adjoint au Maire de Metz.

CITOYENS,

Un nouveau malheur vient attrister notre Patrie !
m de ses plus dignes enfants, DORNÈS, notre repré-
tant n'est plus ! !
Interprète de la douleur de la cité, vous me per-
ttrez de jeter quelques fleurs sur sa tombe, trop
ouverte !
Dornès, né à Lyon, avait adopté Metz comme sa
le de prédilection : Metz, qui avait pu apprécier les

rares qualités qui distinguaient Dornès, pendant les trop courtes années qu'il avait passées dans son sein, Metz l'avait aussi adopté comme l'un de ses plus dignes fils.

Il avait constamment provoqué par ses discours, par ses écrits, les idées, les principes de progrès, d'améliorations sociales, de liberté, qui se sont développés avec tant de succès depuis 25 années à Metz; et cette communauté de vues, de principes avec ses habitants, devait naturellement resserrer les liens qui unissaient Dornès à la cité de Metz.

Il aimait les messins comme des frères, et ces frères lui rendaient la même affection! La profonde tristesse que je vois empreinte sur tous les visages, témoigne assez haut du chagrin et des regrets de tous!

Je laisserai à d'autres plus habiles, et qui ont vécu plus que moi dans son intimité, à vous rappeler toutes les nobles qualités de Dornès; je craindrais de les affaiblir en ne les retraçant pas aussi dignement qu'elles méritent de l'être; mais je vous ferai cependant remarquer que dans sa trop courte carrière, Dornès s'est particulièrement signalé par une qualité bien précieuse et bien rare de nos jours, où la présomption et l'égoïsme veulent tout envahir.

Je veux parler de son abnégation, et de sa haute probité politique.

Nous la connaissions tous en lui cette vertu de

ıonnête citoyen; nous savions que rien au monde
ı le ferait faillir, à ses convictions, à ses principes :
ıssi, lui avons-nous offert avec confiance, avec en--'
ıousiasme, le plus beau mandat qu'un homme puisse
ıcevoir, celui de nous représenter à l'Assemblée
ationale, à cette Assemblée qui doit faire la constitu-
ın de la France républicaine.

Ce mandat, il le remplissait dignement, lorsque la
ort est venue le frapper au milieu de ses travaux de
rédilection.

Fatale destinée ! !

Dornès dont l'existence entière a été consacrée à la
ıuse de la liberté, dont le vœu le plus ardent, le plus
ıer, a été l'avènement de la république en France,
ornès succombe, lorsque ce rêve de toute sa vie s'ac-
ımplissait ! ! Lorsqu'à peine il avait pu saluer de ses
ıclamations la République qu'il avait tant désirée ! ! !

Il succombe sous le plomb meurtrier d'un conci-
yen...... d'un frère égaré...... qu'il voulait ramener
la raison !

O douleur ! ! !....

Mes chers concitoyens, que ce fatal évènement
ıus serve au moins d'enseignement !... Nous avons
é assez heureux dans notre cité messine, pour que
 discorde n'ait pas éclaté parmi nous, apprécions
 bonheur. Resserrons de plus en plus les liens de
aternité, de mutuelle confiance, qui nous unissent;

2

entr'aidons-nous les uns les autres; et jurons sur le tombeau de Dornès, et au pied de l'arbre de la liberté, que jamais la guerre civile n'éclatera parmi nous; que nous resterons amis comme nous l'avons été, c'est le plus digne hommage que nous puissions rendre au digne ami, au digne représentant que nous pleurons!

Adieu Dornès!   Adieu!

M. Scoutetten, ami particulier de Dornès, prit ensuite la parole:

Discours prononcé par le D.ʳ **SCOUTETTEN.**

CITOYENS!

Après avoir traversé des jours de trouble et de deuil, nous nous félicitions d'avoir conservé tous nos amis, de les savoir échappés aux périls auxquels leur courage les avait exposés; nous énumérions avec orgueil leurs actes de dévouement, gages authentiques de leurs principes d'ordre et de justice. Un seul parmi les représentants du département de la Moselle, Dornès, l'excellent Dornès, avait été frappé d'une balle fratricide; mais la blessure, quoique profonde, ne paraissait pas grave; la guérison semblait certaine, l'espérance chassait toutes les craintes.

Tout-à-coup, un bruit sinistre circule; les citoyens s'arrêtent, s'interrogent, et chacun répète avec douleur: *la vie de Dornès est en danger.*

ette nouvelle court avec rapidité; cependant on
te, on veut espérer encore; mais bientôt nous ap—
nons, avec une certitude fatale, que Dornès est mort
0 Juillet, à six heures trois quarts du matin.
et évènement plonge la cité dans le deuil; tous les
urs sont animés d'une même pensée, ils veulent
clamer hautement leur admiration, leurs sympa-
es pour l'honnête homme, pour le citoyen courageux
a succombé pour la défense de la liberté, et l'hon-
r de son pays. C'est ce sentiment qui, nous ras-
nblant aux pieds des autels, nous portait à élever
cœurs vers Dieu, le priant avec l'accent de la dou-
r, d'admettre notre ami au nombre de ses élus. Nos
érances ne seront point trompées, car c'est un en-
gnement du ciel que la chûte de ces hommes d'élite;
sont tombés pour donner un motif grave et solennel
mettre en relief la vertu, le courage, le dévoue-
nt. Nouveaux martyrs d'une religion nouvelle, ils
rennent au monde où se trouve la véritable gran-
r, et nous montrent que les passions cupides et
sérables qu'on honorait naguère, ne produisent
égoïsme et bassesse. Puissent ces exemples impres-
nner nos âmes, et nous conduire tous à la pratique
cère et durable des paroles évangéliques, inscrites
le drapeau de notre jeune, mais inébranlable
ublique!
Dornès professait ces sentiments; il avait la foi la

2*

plus ferme en l'avenir de l'humanité ; il croyait à son amélioration progressive, à ses efforts constants pour se dépouiller de ses défauts, de ses vices, afin de se rapprocher pure et radieuse des principes qui en attestent l'origine divine. Toute sa vie a été une aspiration constante vers le bien, et jamais, par une faiblesse, il n'a dévié de la règle sévère qu'il s'était tracée. Dornès a été l'homme pur, l'homme honnête par excellence !

Sa vie est un exemple unique de fermeté, de dignité, de patience, de bonté. Bien jeune encore, et lorsqu'il faisait ses études au lycée de Metz, il se signalait déjà par les qualités de son cœur ; ses camarades l'aimaient, le recherchaient et le prenaient souvent pour protecteur ou pour juge. Fils d'un général dont le sang coula aussi pour la patrie, il préféra la vie douce et calme du littérateur et du légiste, à l'éclat des insignes militaires, et à la perspective d'une carrière brillante, facilitée par le souvenir des services de son père. Mais, à peine a-t-il terminé ses études en droit, qu'il se sent entraîné à la défense des libertés de son pays : il entre, sans hésitation, dans tous les projets qui peuvent délivrer la France de l'oppression systématique du gouvernement de la restauration ; il se compromet, il court des dangers, mais jamais il ne calcule lorsqu'il croit pouvoir être utile. Bientôt, il se signale par le talent qu'il déploie en défendant les ac-

usés de la conspiration de Colmar, et les Piétistes de
Alsace dont on voulait entraver les pratiques reli-
ieuses. De 1826 à 1830, Dornès se prépare au rôle
mportant qu'il jouera un jour, par de sérieuses études
hilosophiques et politiques. Alors, il existait à Metz un
etit nombre d'hommes que l'amitié unissait, et que les
ympathies du cœur rassemblaient fréquemment. C'est
ans ces réunions, dont le souvenir lui a toujours été
i cher, que Dornès venait lire des mémoires savants,
u'il défendait contre des attaques amicales, et qu'il
ntraînait presque toujours les suffrages et la con-
iction de ses auditeurs.

La révolution de 1830 éclate : Dornès, déjà bien
onnu, est désigné par ses concitoyens pour être
'réfet de la Moselle; il refuse avec modestie et n'ac-
epte que la place de Secrétaire-général; mais bientôt,
'apercevant des déviations de la politique du nouveau
iouvernement, il résigne sans hésitation les fonc-
ons qu'il remplissait.

Cependant, le courage et l'intelligence de Dornès
eillaient sans cesse sur la France; il entrevoit que
 pouvoir qui la gouverne faiblit, et que l'étranger la
ienace; il conçoit aussitôt la pensée d'une vaste
ssociation nationale dans laquelle seraient confondus
honneur et les intérêts de tous les citoyens. Cette
onception éminemment patriotique enlève tous les
œurs généreux, et l'association grandit avec une ra-

pidité qui effraie le pouvoir et les hommes timides et égoïstes qui le soutenaient.

Dornès était l'âme et le bras de l'opposition du département de la Moselle : il écrivait, il parlait, il se transportait partout où il fallait soutenir le courage ou réveiller des espérances ; son activité était infatigable, sa générosité ne l'était pas moins. Il fonde le Comité pour les Polonais, il distribue des secours aux Allemands réfugiés, aux Français que la haine politique poursuit. Et cependant Dornès n'était pas riche ; une pension modeste, honorable héritage de son père, était sa seule fortune ; elle lui suffisait, car il n'avait d'autre passion que le bien. Quand les ressources lui manquent, il court chez ses amis avec l'ardeur du missionnaire entraîné par la foi, il les sollicite, les émeut, et une bonne œuvre est encore accomplie.

Ces nobles actions grandissaient chaque jour la réputation de Dornès ; déjà, des offres lui avaient été faites pour le fixer à Paris ; il hésita longtemps, il aimait tant ses concitoyens, et il en était tant aimé ! enfin, sollicité de nouveau, il se décide, en 1834, à quitter Metz pour être attaché à la rédaction du *National*. Cette séparation fut aussi un jour de tristesse ; ses amis voulurent en fixer le souvenir par un acte éclatant : une médaille en bronze fut gravée par l'un de nos meilleurs artistes, et, dans un banquet auquel assistaient un grand nombre de citoyens, ils l'offrirent

ı Dornès au milieu de l'effusion la plus vive et la plus
ympathique.

Dornès continua à Paris sa vie de dévouement et de
ırosélytisme; il était l'âme de tous les comités de se—
:ours pour les infortunes politiques. Armand Carrel,
:et homme à la haute intelligence et au cœur droit,
ıui jouait alors un rôle politique important, aimait
)ornès; il le répétait souvent, et, sur son lit de mort,
1 m'exprimait sa haute admiration pour le caractère
le notre ami qui, lui aussi, devait périr d'une balle
neurtrière.

Après la mort de Carrel, Dornès eut une action plus
lirecte sur le National; il contribua puissamment à
mprimer aux doctrines de ce journal cette allure nette,
ranche, honnête qui le faisait remarquer. Dornès
ıcquit bientôt l'estime de tous les hommes distingués
le Paris, auprès desquels il jouissait d'une haute con-
idération.

Lorsque la révolution de Février éclata, Dornès
·esta ferme et impassible, comme le philosophe du
'oëte latin. De hautes positions, des honneurs lui fu-
·ent offerts, il refusa tout, et désigna ses amis pour
·emplir les fonctions de ministres, pour prendre tous
es postes importants, mais lui ne voulut se réserver
l'autre mission que celle d'éclairer tous les jours le
ıeuple par sa pensée et ses exemples. Les souvenirs
aissés par Dornès dans le Département de la Moselle

le désignaient au suffrage de ses concitoyens ; 77,000 d'entre eux lui décernèrent le titre de représentant, et l'envoyèrent siéger à l'assemblée nationale. Sa réputation l'y avait précédé, et l'influence de son beau caractère s'y faisait remarquer comme partout ailleurs. L'assemblée était encore dans le chaos, elle s'ignorait elle-même. Dornès monte à la tribune, il propose un pouvoir exécutif, il en désigne les membres et les fait accepter. Bientôt, ce pouvoir nouveau veut attirer Dornès à lui, et le 8 mai dernier il lui offre le ministère le plus important de la France, le ministère de l'intérieur. Dornès resta inébranlable, rien ne put fléchir sa fermeté et son abnégation des honneurs. Il poursuivait ainsi sa carrière de dévouement modeste aux intérêts du pays, lorsqu'une lutte effroyable vint ensanglanter la capitale. Dornès n'écoute encore une fois que son courage et son cœur : une barricade est élevée près de la porte Saint-Denis, les insurgés menacent de faire feu ; Dornès s'avance, seul, sans armes, il monte sur la barricade, harangue ces hommes égarés et parvient un moment à les calmer ; mais un lâche sort de la foule, et lui lance, à bout portant, une balle qui lui traverse l'aîne : c'est ainsi que tombe cette noble victime !

Quels sentiments vont maintenant agiter notre ami ? ira-t-il, comme les êtres vulgaires, réclamer la vengeance et la punition des coupables ? Dornès sait souf-

r et pardonner : Il invoque la clémence, et, le 10
illet, il adresse aux journaux une lettre mémorable
ns laquelle il sollicite des secours pour les veuves et
s enfants des insurgés morts pendant le combat.
Quelques jours auparavant, il écrivait à son frère
lettre la plus amicale, et, après avoir parlé de sa
essure en homme de courage, il terminait en disant :
Après tout il faut savoir souffrir quelque chose pour
République, et je ne suis pas fâché que du sang de
ssemblée nationale ait coulé avec celui de tant de
aves de l'armée, de la garde mobile et de la popu-
ion parisienne. » Ainsi, jusque sur son lit de mort,
rnès n'est heureux que quand il prend une large
rt aux sacrifices faits pour son pays.
Mais bientôt, les espérances conçues par ses amis se
nsformèrent en craintes sérieuses ; des accidents
attendus éclatèrent : Dornès a tout souffert avec pa-
nce et résignation. Woirhaye, notre ami Woirhaye,
témoin de ses derniers instants, et il nous les
trace dans quelques lignes : « Il a conservé, dit-il,
esque complètement ses facultés jusqu'au dernier
ment ; il a eu quelques heures de fièvre délirante ;
s préoccupations devant la mort étaient les mêmes
e dans la vie : il a été ferme, simple et doux. »
On ne connaîtrait que bien incomplètement le ca-
ctère de Dornès, si l'on n'avait pu apprécier les qua-
és qu'il révélait dans l'intérieur de la famille. Oh

alors ! ce n'était plus ce philosophe inflexible que ni la menace ni le danger ne pouvaient jamais émouvoir, c'était un fils affectueux, un frère dévoué, un oncle tendre et même faible pour les enfants de sa sœur.

Combien était touchant le tableau offert par cette famille d'élite , où les dons de l'intelligence s'harmonisent si admirablement avec les qualités du cœur ! Combien on était heureux soi-même en voyant cette excellente mère, cette femme si douce, aux manières si nobles, entourée de ses enfants affectueux ! Oh ! elle aussi était heureuse alors ! mais aujourd'hui, affligée, désespérée, elle pleure ce fils bien-aimé, qui faisait son bonheur, qui ajoutait à la gloire du nom qu'elle porte. Pleurons avec elle, mes amis ! pleurez tous, Citoyens, qui aimez votre pays, car la mort de Dornès est une calamité publique !

Immédiatement après ce discours , un officier polonais, M. Kwiatkowski, prononça quelques phrases inspirées par l'affliction et la reconnaissance : c'était un tribut bien légitime, car personne, plus que Dornès, n'avait manifesté autant de sympathie pour les infortunes des enfants de la Pologne.

M. Taizon vint aussi, en sa qualité d'artilleur, donner un souvenir à la mémoire de Dornès, il rappela que notre ami avait longtemps fait partie du corps d'artillerie de notre brave garde nationale.

/1. Billaudel, Préfet de la Moselle, monte lentement
degrés de l'estrade; il porte à la main une cou-
ne d'immortelles, l'élève, la tient suspendue près
a colonne et commence, par ces mots, une impro-
ition de la plus belle et de la plus chaleureuse
quence : « Symbole d'immortalité, domine de ton
éole tout ce sombre appareil de mort!.... »
Von, il n'y a pas de mort pour les cœurs droits et
s, pour les intelligences élevées, pour les grandes
elles âmes !. Leur souvenir se transmet de géné-
on en génération à la reconnaissance des hommes,
lans ce dernier asile il ne peut plus périr.....(1)
Après quelques phrases vivement et noblement ex—
nées, M. Billaudel ajoute :
« Liberté! patrie ! ordre social!.... il faut que vous
is soyez bien précieux, bien chers à tous, puisque
t de nobles victimes ont successivement versé leur
g sur vos autels, sans que votre culte se soit re—
di jamais!
Puis, se tournant vers les élèves du lycée et des
les :
« Et vous, jeune génération, qui entourez avec

---

1) Il est très-regrettable que ce discours ne puisse pas être re-
uit en entier; la mémoire des auditeurs n'en a conservé que des
ses incomplètes, et M. Billaudel, éloigné de la scène qui lui
irait sa chaleureuse improvisation n'a pu se le rappeler com—
ment.

recueillement ce monument funèbre, gardez, gardez longtemps dans votre souvenir ces impressions pieuses ! »

« Vous n'avez plus besoin d'emprunter aux livres de l'antiquité de grands exemples de dévouement à la patrie. C'est dans l'histoire de votre temps, c'est parmi ces hommes qui ont puisé sur les mêmes bancs que vous leurs généreuses inspirations, que vous choisirez désormais vos modèles ! »

A la voix de M. Billaudel, la foule, malgré la ligne armée qui entourait la place, s'est précipitée de tous les points de la circonférence vers le centre. C'était le peuple entier s'associant à la voix de son premier magistrat, pour rendre un digne hommage à la mémoire du mandataire regretté.

Les discours s'achevaient à peine qu'un immense cri de *Vive la République* s'échappait de toutes les poitrines, et qu'une salve de 21 coups de canon, tirée par l'artillerie de la garde nationale, saluait officiellement, dans Dornès, la souveraineté du peuple.

Le défilé, qui a terminé la manifestation, a aussitôt commencé. M. le Préfet et les diverses autorités s'étaient placés près du monument ; les députations, la garde nationale et la troupe marchaient dans l'ordre suivant :

Une députation des élèves du lycée national ;

L'école normale ;

Le peloton armé de l'école municipale supérieure ;
L'artillerie de la garde nationale ;
Les Polonais présents à Metz ;
Le corps des sapeurs-pompiers ;
La 1re légion de la garde nationale ;
La 2e légion de la garde nationale ;
La garde nationale à cheval ;
Les régiments en garnison à Metz, étaient repré-
ités par des pelotons :
Du 2e et du 13e régiments d'artillerie à cheval ;
Du 3e régiment du génie ;
Du 17e léger ;
Du 7e bataillon de chasseurs à pied ;
Du 15e de ligne ;
Du 24e de ligne ;
Du 70e de ligne ;
Du 7e régiment de lanciers.

Le défilé était fermé par des artilleurs à cheval con-
isant les pièces qui venaient de faire feu.
Tous les pelotons passèrent au pied du tombeau ; le
néral et les colonels de la garde nationale y dépo-
ent des couronnes, et les gardes nationaux, par
mouvement spontané, enlevèrent la branche de
êne ou d'immortelles dont ils avaient orné leurs fu-
s et la jetèrent sur le monument funèbre.
La musique jouait l'air : *Mourir pour la patrie*, et

le cri de *Vive la République* se répétait comme le plus digne de la mémoire du citoyen intègre et dévoué, qui avait toujours vécu et qui venait de mourir pour la République.

Cette cérémonie, constamment marquée par le recueillement et un calme plein de dignité, fit verser d'abondantes larmes; elles redoublèrent lorsqu'on vit les écoles, la garde nationale et l'armée s'unir dans un sentiment de douleur fraternelle, pour rendre le plus pieux et le plus éclatant hommage aux vertus civiques d'un grand citoyen. Admirable exemple du pouvoir des nobles passions sur le cœur des hommes libres!

———

Tous les citoyens furent vivement impressionnés par cette fête triste mais imposante; elle excita l'imagination poétique de plusieurs d'entre eux. Parmi les productions qu'elle fit naître, nous remarquâmes les vers suivants, inspirés à un jeune poëte de 15 ans, élève au lycée de Metz, dont la modestie n'a laissé connaître que les initiales de son nom.

A Madame DORNÈS.

Quand par un dévouement sublime,
Cherchant un glorieux trépas,
Décius s'élança dans l'abîme
Qui s'ouvrait béant sous ses pas;
La terre fut émue,
Et l'éclair déchirant la nue

Dans le cœur de chaque Romain
Jeta l'horreur et l'épouvante,
Et l'on vit sa tombe mouvante
Sur lui se refermer soudain.

Ainsi, quand de la République
L'insurgé menaçait le sort,
Brûlant d'un feu patriotique
Dornès courut braver la mort.
O douleur ! une balle impie
Brisant une si belle vie
Frappe le héros dans nos bras...
D'un zèle saint noble victime,
O Dornès ! ô martyr sublime !
Ta gloire ne périra pas !...

Verse du sang avec des larmes,
France ! Dornès est mort pour toi,
Pour toi Dornès courut aux armes,
Il est mort pour ta sainte loi.
Liberté ! Déesse adorée !
Qui pour lui fut toujours sacrée,
Ah ! pleure un vaillant défenseur !
Ou plutôt, tresse la couronne
Prix que la main du peuple donne
Au patriotisme, au malheur.

Et toi qui donnas à la France
Ce digne ami que nous pleurons,
A toi notre reconnaissance !
A toi ces pleurs que nous t'offrons !...

Ah ! pleure malheureuse femme !...
La douleur a brisé ton âme...
Que dis-je ? mère d'un héros
Tu ne dois pas verser de larmes.
Ton fils loin du séjour d'alarmes
Va goûter l'éternel repos.

Dornès ! noble enfant de la France,
Du haut du ciel, où tu reçois
De tes vertus la récompense,
Combats pour nous contre les rois.
Protége cette république
Dont ton courage, homme héroïque,
Était le plus ferme soutien.
O Dornès ! sois notre modèle !
Sois pour nous le portrait fidèle
D'un noble et digne citoyen.

La France te fut toujours chère...
Pour elle tu devais mourir.
Un jour aussi dans la carrière
J'entrerai pour vaincre ou périr.
Que ne puis-je dans ton suaire
Réveiller ta noble poussière !...
Mais, tu vivras toujours pour moi,
Et si jamais à ma patrie
Je dois sacrifier ma vie
Je saurai mourir comme toi.

E. R.

Élève interne de seconde au Lycée de Metz.

*Extrait du registre des délibérations du conseil
unicipal de la ville de Thionville. —Séance du 25
illet* 1848.

Sur la proposition du maire, le conseil déclare una-
imement s'associer à la profonde et légitime dou-
ur qu'inspire à la France entière, et principalement
ı département de la Moselle, la perte prématurée du
toyen Dornès, représentant du peuple, mort des
iites de la blessure qu'il a reçue le 23 juin dernier,
ır une barricade, au moment où il adressait aux in-
ırgés des paroles de paix et de conciliation.

*e conseil municipal de Servigny-lès-Raville (Moselle)
à madame Dornès, la mère.*

Madame,

Permettez que nous vous présentions nos compli-
ents de condoléance au sujet de la mort glorieuse de
ıtre fils, notre digne représentant. Si ce malheur,
adame, fait une plaie profonde dans votre cœur ma-
rnel, il laisse aussi un vide regrettable dans la Ré-
ıblique, et spécialement dans le département de la
oselle.   *(Suivent les signatures.)*

xtrait du Courrier de la Moselle du 27 Juillet 1848.

On nous écrit de Jarny, 25 Juillet:
Nous venons de témoigner aujourd'hui même des

regrets que nous cause la perte de notre digne représentant Dornès , par la célébration d'un service funèbre à sa mémoire.

» Le maire, le conseil municipal, la garde nationale et toute la population y assistaient. L'église avait été décorée de son plus grand deuil ; mais le deuil était plus grand encore dans les cœurs. Tous comprenaient que le pays venait de faire une perte immense. »

HOMMAGES RENDUS A LA MÉMOIRE DE DORNÈS.

Assemblée Nationale.

(SÉANCE DU LUNDI 24 JUILLET 1848.)

LE CITOYEN CAVAIGNAC, *chef du pouvoir exécutif et président du conseil des ministres.*

Citoyens représentants, il y a peu de jours, l'assemblée nationale tout entière a rendu les derniers devoirs à l'un de ses membres, mort pour la défense de l'ordre et de la liberté.

Je veux parler de notre collègue Dornès. (Sensation)

Aujourd'hui je viens au nom du Gouvernement, m'associant, j'en suis certain, à la pensée de l'assemblée tout entière, lui proposer d'assurer la subsistance de la famille de Dornès. (Marques générales d'approbation.)

Le citoyen Dornès, notre collègue, avait, comme
ls du général Dornès, mort sur le champ de bataille,
roit à une pension de 1,000 fr.

Comme veuve d'un général, la mère du citoyen
ornès avait droit à une pension de 1,400 fr. ; en
ut, 2,400 fr.

Nous vous proposons de confondre ces diverses
ensions en une seule, de 3000 fr., en faveur de la
ame veuve Dornès, et qui sera reversible sur l'aînée
e ses filles.

M. le chef du pouvoir exécutif dépose l'exposé des
notifs et donne lecture du projet de loi.

Voici l'exposé des motifs :

« Citoyens représentants,

» Nous venons vous proposer d'accorder une pen—
on à M.me Probst, veuve du général et mère du re-
résentant Dornès. Cette pension serait de trois mille
rancs et reversible à raison du grand âge de la
tulaire, sur M.elle Elvire Dornès, l'un des quatre
nfants qu'avait laissés le général.

» Le représentant Dornès avait hérité de son père,
nort en 1812, une dotation de quatre mille francs
éduite à mille par la loi du 26 juillet 1821, et
ui s'éteint avec lui. M.me Dornès, la mère, recevait
omme veuve de général et donataire, deux pensions
ui, réunies, s'élevaient à quatorze cents francs et ne
ont pas non plus reversibles. Par le fait Dornès a em-

porté avec lui l'avenir de sa famille. Nous vous proposons d'annuler les deux pensions de Mme Dornès, et de les remplacer par une autre à titre de récompense nationale, et qui, fixée au chiffre de trois mille francs, sera à peu de chose près l'équivalent de ressources à peine suffisantes et déjà en partie disparues.

» Modèle des opinions honnêtes et consciencieuses, Dornès a péri pour la cause qu'il a toujours soutenue avec la conviction et le désintéressement de sa loyale énergie. C'est dans cette énergie même et dans son courageux dévouement, qu'il a trouvé le mobile de la mission sainte et pacificatrice qu'il s'est donnée et qu'il a religieusement remplie.

» Il a payé du suprême sacrifice le triomphe de l'ordre dans la liberté, et, martyr de l'humanité, sa vie toute d'abnégation et de patriotisme s'est terminée par une mort doublement glorieuse, lustre nouveau qui s'ajoute à un nom honoré.

» Vous vous associerez, citoyens représentants, à une pensée de reconnaissance et de justice, comme vous vous êtes associés aux derniers hommages rendus par la république au citoyen mort noblement pour sa défense et son honneur.

» Nous allons vous donner lecture du décret pour lequel nous réclamons un vote d'urgence.

» Art. 1.er Il est accordé, comme récompense nationale, à la dame Probst (Marie-Louise-Marguerite),

euve du Général Dornès, mère du représentant du
euple Dornès, mort sur les barricades en cherchant
 arrêter l'effusion du sang et en défendant la répu-
lique, une pension de 3,000 fr.

» Art. 2. Cette pension annuelle, comprenant celle
ue Mme Dornès avait obtenue, sera reversible sur la
ète de la demoiselle Elvire Dornès, sa fille. »

DE TOUTES PARTS: Très-bien! très-bien!

M. LE GÉNÉRAL CAVAIGNAC : Citoyens, je vous propose
e déclarer qu'il y a urgence. (Oui! oui!)

M. LE PRÉSIDENT: L'assemblée veut-elle voter immé-
iatement le projet?

DE TOUTES PARTS : Oui! oui! sans doute!

L'assemblée adopte le décret à l'unanimité.

———

Paris, 21 Juillet.

L'Assemblée nationale, les parents et les amis de
I. Dornès, lui ont rendu ce matin les derniers
evoirs. L'affluence des citoyens qui ont voulu saluer
ncore une fois notre généreux ami, était imposante.
'rois à quatre cents représentants, — parmi lesquels
ous avons remarqué MM. de Lamartine, Garnier-
'agès, Marie, Cormenin, Louis Blanc, Flocon, —
resque tous les ministres, une foule d'officiers de la
arde nationale appartenant à toutes les légions, des

journalistes, des magistrats, quelques élèves de l'école Polytechnique, et de tous ceux que M. Dornès s'était attachés par la noblesse et l'élévation de son caractère, composaient le cortége.

A l'heure indiquée, ce cortége s'est mis en marche au milieu d'une haie formée par des gardes nationaux, députés de toutes les mairies, et par le 5.ᵉ bataillon de la garde mobile commandé par M. Bassac. C'est à la tête de ce bataillon que marchait M. Dornès lorsqu'il fut atteint; c'est à côté de M. Bassac, qu'il fut frappé du coup qui nous le ravit. Ces braves soldats, dont plusieurs versaient d'abondantes larmes, ont sollicité la triste faveur de suivre les restes inanimés du grand citoyen dont ils avaient pu admirer le courage et le patriotisme au moment du danger.

Derrière cette haie se tenait un peuple immense dont l'attitude révélait assez la conscience d'une grande perte. Silencieux et recueilli, il saluait religieusement le char funèbre ; et ce culte n'a pas fait défaut un seul instant dans une seule rue, quelque éloignée fût-elle, aux dépouilles mortelles de l'homme que nous pleurons. De la maison mortuaire à l'église, de l'église au champ du repos, ce n'était pas la curiosité qu'on lisait sur tous les visages, c'était l'affliction. On eût dit de nous tous, qui suivions à pas lents la route fatale, une escorte funèbre menant un deuil public au nom de la France.

A l'église Saint-Germain-des-Prés, la cérémonie
religieuse a été très-longue. La nef ne pouvait contenir la foule entière : une partie de ceux qui avaient pu
pénétrer n'avaient pas de siéges, et pourtant ceux
qui étaient en dehors, sur la place, ont patiemment
attendu le moment du départ pour la dernière demeure ; ceux qui étaient dans l'église sont restés
ebout tout le temps sans songer à leurs fatigues, —
tant ils étaient pénétrés, les uns et les autres, de ce
zèle pieux qui s'attache à la mémoire de l'homme de
bien. Un seul a été obligé d'abandonner la place
vaincu par la douleur. Celui-là, c'est M. Goudchaux,
vieil ami de l'illustre défunt. Au milieu de la messe,
ses forces l'ont trahi, et il n'a pu continuer plus longtemps le douloureux office qu'il remplissait. M. Goudchaux tenait les cordons du char, en compagnie de
MM. Corbon, vice-président de l'Assemblée nationale, Woirhaye, représentant du peuple et Charles
Thomas ; il a dû être remplacé par M. Charras,
sous-secrétaire d'état à la guerre.

A deux heures, sans qu'un seul assistant l'eût quit-
té, le cortége est arrivé au cimetière du Montparnasse.
Dans la première allée à gauche, il s'est arrêté en
face du monument qui doit contenir la dépouille de
M. Dornès. Avant que la pierre sépulcrale l'eût dérobé
à nos regards, plusieurs de ses amis ont voulu lui
parler une dernière fois.

M. Lafayette, vice-président de l'Assemblée nationale s'est exprimé en ces termes :

» C'est avec une profonde émotion que je prends
la parole devant vous en ce moment ; j'aurais voulu
qu'une voix plus exercée, plus éloquente que la mienne
eût été appelée à adresser, au nom de l'Assemblée
nationale, un dernier et éternel adieu au courageux
citoyen que nous pleurons tous aujourd'hui. — Toute-
fois, qu'il me soit permis d'espérer que d'anciens et
précieux souvenirs m'aideront à accomplir le douloureux et honorable devoir qui m'est imposé.

» Il y a près de trente ans, Citoyens, qu'enrôlé
moi-même dans les rangs des serviteurs de la liberté,
j'ai vu débuter dans la carrière du patriotisme le plus
pur, le plus ardent, le plus dévoué, celui dont nous
venons honorer, avec vous, la mémoire ; et depuis ce
jour-là, Citoyens, le brave et généreux Dornès n'a
jamais cessé de travailler à l'accomplissement de la
tâche qu'il s'était tracée, celle de contribuer autant
qu'il était en lui, à doter ses concitoyens de ces ins-
titutions républicaines destinées à assurer la grandeur
et la prospérité de notre belle patrie.—Mais, quelque
passionné que fût l'amour de notre excellent collègue
pour la cause populaire, il n'ignorait pas que l'ordre
public, le respect pour la famille et la propriété,
sont les indispensables et puissants auxiliaires de la
liberté ; et si, dans d'autres temps, il avait plus d'une

ıis risqué sa vie pour faire triompher le principe
émocratique , il n'a pas hésité un seul instant à
raver de nouveaux et terribles dangers, le jour où il
est agi d'arrêter dans sa marche téméraire le drapeau
ınglant de l'anarchie.

» Une balle fratricide est venue mettre un terme à
ı belle et noble vie, au moment où la persévérance
ɜ ses efforts pour le bonheur de son pays venait
'être récompensée par la confiance de ses concitoyens.

» Il est mort martyr de l'honnêteté, de la pureté
ɜ ses convictions, et sa mort donne un éclatant
ɜmenti aux calomniateurs de ces idées républicaines
ɔnt le courageux Dornès était le si fidèle repré-
ɪntant.

» Puisse le solennel hommage qu'aujourd'hui nous
ɪndons à ses mânes glorieux, amener le repentir
ɪns le cœur de ces hommes égarés et coupables dont
. main sacrilége osa frapper celui qui, pendant si
ɪngtemps, fut leur défenseur et leur ami.

» Puisse le pieux et juste tribut de regrets et de
ɪconnaissance qu'au nom du pays tout entier, l'as-
ɪmblée nationale vient déposer en ce moment sur
ı tombe, adoucir la douleur de la respectable famille
ui chérissait Dornès à tant de titres.

» Que notre digne ami repose en paix! Que la
ɪrre qui va bientôt le dérober à nos regards lui soit
ɪgère !

» Car il a bien servi son pays. »

Après ce discours et l'allocution d'un citoyen dont le nom nous est inconnu, M. Woirhaye, représentant du peuple, pour le département de la Moselle, département qui avait envoyé M. Dornès à l'Assemblée nationale, a prononcé les paroles suivantes :

« Messieurs,

» Le grand citoyen que suivent ici nos larmes, avant de conquérir à Paris de si nobles et de si glorieuses sympathies, avait consacré à la ville de Metz dix années de son utile vie; aussi, dans la Moselle reconnaissante, le patriotique nom de Dornès est celui qui, le premier, se présenta spontanément à la pensée de tous, quand le temps fut venu de demander à l'élection populaire les fondateurs de cette République que ses efforts avaient si puissamment préparée.

» Ce sont les regrets du département tout entier que je viens déposer sur sa tombe.

» Ces regrets, je ne sais les caractériser que par un mot : Jamais homme ne mérita plus que Dornès d'être aimé avec vénération.

» La vie publique a été pour lui une vocation naturelle; il l'avait choisie non comme une carrière brillante où l'on peut conquérir des avantages pour soi, mais comme un poste périlleux où il y a des combats à soutenir, du bien à faire et de grands devoirs à remplir.

» Ne craignons pas de proclamer aujourd'hui, en
·ésence de ce cercueil, qu'il n'a pas failli un seul
ur à la mission qu'il s'était donnée.

» C'était la noble pureté de l'âme qui, chez lui,
·ait éveillé et dirigeait toujours l'intelligence. Dans
. généreuse nature, il savait unir les vertus les plus
·ntraires.

» L'énergie et l'indomptable fermeté du caractère
mêlaient à une bonté exquise et à une inaltérable
·uceur. Il savait rester calme de cœur dans une in-
·ssante activité; sa dignité austère se conciliait avec
·e simplicité modeste et pleine d'abnégation. Il avait
· secret de ne pas se laisser détourner par la préoccu-
·tion des plus hauts devoirs, du soin de rendre les
·us légers services. Sa grande affaire était un dé-
·uement perpétuel aux intérêts généraux; on le trou-
·it toujours prêt quand il s'agissait d'attaquer une
· justice, de soulager une souffrance, ou de donner
· encouragement utile.

» Homme de conscience et de cœur, il a traversé
· vie en ne nourrissant que des pensées aimantes, en
· se laissant aller qu'à des actes utiles.

» Religieux observateur de tous les devoirs, il vou-
·it que les hommes politiques portassent dans la vie
·blique l'ascendant que donnent les qualités privées
· les vertus de famille. Sans déchirer les voiles inté-
·eurs, on peut dire que l'exemple qu'il a constam-
·ent donné sous ce rapport s'élève jusqu'à l'héroïsme.

» Une vie aussi pure a été couronnée par une mort courageuse. Il est tombé en défendant la République, cette République honnête, régulière, constitutionnelle, progressive, qu'il avait appelée toute sa vie, et dont il ne devait, hélas ! voir que les premiers pas.

» Il est tombé en martyr, inspiré par le génie de la vraie liberté, comme était tombé un peu avant lui un martyr de la vraie religion. Mais en tombant, Dornès n'a pas été infidèle à la générosité de son caractère ; le dernier acte public de sa noble vie a été une prière pour les femmes et les enfants des hommes coupables qui lui avaient donné la mort ; et, dans les hallucinations qui précèdent la mort même, quand déjà il était presque dans le sein de Dieu, il murmurait des paroles entrecoupées et confuses où il appelait tour à tour l'énergie et l'indulgence.

» Le souvenir de tant de vertus ne peut être perdu pour ceux à qui il a été donné d'en être les témoins. Si les jours difficiles se présentent encore pour notre patrie, nous chercherons de la force et de la lumière dans cette mémoire désormais sainte, à laquelle l'amitié élèvera dans nos cœurs un culte éternel.

Enfin, M. Charles Thomas a adressé au courageux et dévoué compagnon de ses luttes, de sa vie entière, cet adieu suprême :

« Citoyens,

» La terre va couvrir tout à l'heure les restes d'un

)mme de bien , digne de tous vos regrets , digne des
)nneurs qui lui sont rendus.

» Qu'il soit permis à ceux qui, pendant vingt-cinq
s , ont appris à l'aimer et à l'estimer, qui l'ont suivi
s à pas dans sa carrière laborieuse , de lui dire avec
us un dernier adieu, et d'exprimer en ce moment
prême les sentiments profonds de respect et d'affec-
n que sa vie tout entière nous a inspirés , et que
us gardons religieusement à sa mémoire.

» La vie de Dornès a été simple , noble et pure ,
mme son âme. L'amour de la patrie , le sentiment
devoir, un esprit élevé, un dévouement sans bornes,
désintéressement complet, une fermeté stoïque
inte à un fonds inépuisable de bonté, enfin des
œurs antiques, — telles sont les qualités , je devrais
re les vertus qui faisaient de Dornès le modèle de
omme d'honneur et du bon citoyen.

» Ses compatriotes de la Moselle l'avaient apprécié
nsi en le nommant leur représentant à l'Assemblée
tionale. Ils savaient que la République n'aurait pas
défenseur plus courageux pour la faire respecter,
cœur plus généreux pour la faire aimer.

» Hélas! cette glorieuse mission est déjà terminée ;
carrière des services qu'il devait rendre à son pays
t à jamais brisée ! — Il est tombé dans la lutte terri-
e où, un des premiers, il a couru pour faire entendre
s paroles de conciliation et arrêter l'effusion du sang.

» Grande et généreuse victime dont la pensée dernière a été sublime! Il est mort comme il a vécu.

» Que son nom soit béni par la patrie comme celui d'un de ses plus nobles enfants, et que sa mémoire, ainsi que nos regrets, demeurent éternellement dans nos cœurs!!... »

M. Charles Thomas avait fini à peine, que, les yeux pleins de larmes, chacun de nous a dû s'éloigner de la place où vont reposer les restes de M. Dornès. Mais, avant de la quitter, chacun de nous s'est promis d'y revenir souvent pour demander à la tombe les instructions d'une noble vie, et pour pleurer la perte de l'homme honnête, du grand citoyen. *(Extrait du National, du 22 Juillet 1848.)*

Les journaux de Paris et de la Province ont été unanimes pour rendre hommage aux qualités éminentes de Dornès; voici les noms de plusieurs d'entre eux:

Le National, vendredi 21 Juillet.
Le National, samedi 22 Juillet.
Bien public.
Commerce.
Union.
Démocratie pacifique.
Propagateur de l'Aube.
Progrès du Pas-de-Calais.
Lettre de Christian Ostrowski. (National du 23 Juillet).

Lettre du Préfet du Loiret. (National du 24 Juillet.)

Courrier de la Moselle.

Messager du Nord.

Echo du Nord.

Union républicaine.

Glaneur d'Eure-et-Loir.

Précurseur de l'Ouest.

Eclaireur de Saint-Omer.

La République (de Dijon).

Patriote de la Meurthe.

Le peuple, du Puy-de-Dôme.

Indicateur de Bordeaux.

Echo de Vesone.

Courrier d'Alsace.

Patriote des Alpes.

Indépendant du midi.

Etc., etc., etc.

Le *National*, le *Courrier de la Moselle* et plusieurs tres journaux ont publié, par extraits, ces diffé-ts articles.

« M. Gilbrin, notaire à Metz, vient de faire poser r la maison qu'il occupe et dont il est propriétaire, ce Saint-Louis, une table de marbre noir avec ces ts :

« *Dornès, mort pour la patrie en 1848, habita cette maison. — Jamais homme ne fut plus digne d'estime et de vénération.* »

Imp.ie et Lith.ie de Nouvian, à Metz.

CÉNOTAPHE ÉLEVÉ SUR LA PLACE DE LA RÉPUBLIQUE A METZ,

en l'honneur de DORNÈS, Représentant du Département de la Moselle à l'Assemblée Nationale, mort à Paris, le 20 Juillet 1848.